1792

LES AUDOMAROIS

AU SIÈGE DE LILLE

SAINT-OMER

IMP. ET LITH. H. D'HOMONT, RUE DES CLOUTERIES, 14

1895

1792

LES AUDOMAROIS
AU SIÈGE DE LILLE

C'est en 1792 que l'Europe commença contre la France une guerre qui devait durer jusqu'en 1815. Deux armées envahirent la France à peu près en même temps : les Prussiens entrèrent par l'Est, prirent Longwy et Verdun; vaincus à Valmy par Dumouriez, ils durent repasser le Rhin ; les Autrichiens, maîtres des Pays-Bas, entrèrent par le Nord et vinrent mettre le siège devant la ville de Lille qui alors n'était gardée que par cinq à six mille hommes. Mais comme la ville ne fut jamais complètement investie, elle put avoir de libres communications avec l'extérieur et recevoir continuellement des renforts.

Au moment de la première attaque, Lille était commandée par le lieutenant général Duhoux, mandé à Paris pour y donner des explications sur sa conduite, il fut destitué et remplacé par Ruault à qui revient le principal honneur de la défense. Le 26 septembre, les Autrichiens, logés au faubourg de Fives, commencèrent à lancer quelques bombes. Le 27, le lieutenant général en chef de l'état-major de l'armée du Nord, Moretôn, dans le but de tâter l'ennemi et d'essayer de le détourner de Lille, tenta une attaque sur Saint-Amand.

Le mouvement ne réussit pas par suite de l'indiscipline des troupes, qui, après s'être parfaitement conduites pendant l'action, se débandèrent, à quelques compagnies de grenadiers près, ce qui empêcha de garder Saint-Amand, de pousser l'ennemi dans sa rétraite et de lui faire des prisonniers.

Le 29, les Autrichiens établissaient solidement leurs batteries et s'apprêtaient à ouvrir le feu sur le quartier Saint-Sauveur qu'ils savaient être le plus populeux de la ville. Ce même jour, Ruault, qui venait de prendre possession de son commandement, reçut la lettre suivante :

Monsieur le commandant,

L'armée de S. M. l'Empereur et Roi que j'ai l'honneur de commander est à vos portes ; les batteries sont dressées ; l'humanité m'engage, Monsieur, de vous sommer, vous et votre garnison, de me rendre la ville et la citadelle de Lille, pour prévenir l'effusion du sang, si vous vous refusez, Monsieur, vous me forcerez malgré moi, de bombarder une ville riche et peuplée que j'aurais désiré ménager. Je demande incessamment une réponse catégorique.

— Fait au camp devant Lille le 25 septembre.

Signé : ALBERT DE SAXE,
lieutenant-gouverneur et capitaine général des Pays-bas Autrichiens.

Ruault répondit au nom de ses soldats :

Monsieur le commandant-général,

La garnison que j'ai l'honneur de commander et moi, sommes résolus à nous ensevelir dans les ruines de cette place, plutôt que de la rendre à nos ennemis ; et les citoyens, fidèles comme nous à leur serment de vivre libres ou de mourir, partagent nos sentiments et nous seconderont de tous leurs efforts.

Lille le 29 septembre 1792 l'an Ier de la République française.

Le maréchal de camp, commandant Lille :

RUAULT.

Une lettre adressée à la municipalité eut la même fière réponse signée André l'héroïque maire de Lille.

Les autrichiens commencèrent à envoyer des bombes et boulets rouges. Le feu prit au quartier St-Sauveur, la paroisse et le beau clocher St-Etienne ainsi que la petite chapelle adjacente furent détruits.

Depuis le début du bombardement les pompes de la ville ne suffisaient pas pour combattre le feu et ce fut avec d'universels transports de joie qu'on vit arriver à la fois celles de Béthune, Aire, St-Omer, Dunkerque.

Nous voyons dans le registre des délibérations du conseil général de la commune que le 30 septembre, le citoyen Leroy, administrateur du directoire du district de St-Omer remit sur le bureau une dépêche datée de Béthune écrite par les officiers municipaux faisant savoir que la ville de Lille avait essuyé un bombardement de 15 heures, qu'elle demandait des pompes pour éteindre l'incendie, puis une lettre de la municipalité d'Aire qui disait qu'elle attendait les pompes de la ville de St-Omer pour faire partir les siennes de concert. Sur quoi le conseil municipal assemblé décida, à l'unanimité, que vu l'extrême urgence, les citoyens Duplouy, officier municipal, Couyllet, chef de légion de la garde nationale, accompagneraient sur le champ comme commissaires, les pompes de la ville au nombre de trois; qu'au surplus elles seraient escortées par six dragons tous en poste pour faire plus grande diligence.

Une foule de citoyens étaient à la barre discutant les opinions d'un chacun. Les uns demandaient que les pompes ne partissent pas sans l'escorte de la garde nationale; les autres voulaient faire battre la générale; d'aucuns disaient, que ce n'était pas des pompes qu'il fallait, mais des bras; d'autres représentaient que les pompes étaient nécessaires à la ville et qu'elles ne devaient point partir; quelques-uns voulaient partir sur le champ sans ordre avec des chevaux de poste.

Au milieu de tout ce tumulte le citoyen Duherlin élevant la voix eut l'impudence de dire hautement que les six dragons, qui étaient de service et prêts à escorter les pompes pourraient en route égorger les commissaires, qu'on ne pouvait avoir confiance en des hommes dont on ne connaissait pas le civisme et qu'il fallait leur adjoindre des gardes nationaux. La confusion, le trouble, la défiance des citoyens à la barre se portèrent à leur comble.

Le peuple assemblé sur la place s'opposait formellement au départ des pompes, et de son autorité en reconduisait une au lieu où on l'avait prise.

Il était plus de minuit et le corps municipal désespéré de ne pouvoir coopérer au soulagement de ses concitoyens de Lille, par la résistance et l'opposition du peuple se vit forcé de renvoyer les six dragons à leur quartier et de suspendre la commission donnée aux citoyens Coayllet et Duplouy. Etaient présents à la délibération : Blavigne, Damart, Duplouy, Legrand, Cafiéri, Roger, Caron, Hémart, Dupont, Dubrœucq, Caudeville, Eudes, Revel, Chabé, Dailly.

Le lendemain le calme ayant fini à s'établir, le corps municipal tenta de rechef le départ des pompes pour Lille, qui put enfin s'effectuer.

Le 3 octobre le conseil général de la commune était assemblé, une députation de canonniers nationaux pénétra dans la salle des délibérations. L'un d'eux ayant obtenu la parole, dit : « Les nouvelles alarmantes que nous recevons de Lille ont vivement ému notre patriotisme, nous nous souvenons de nos serments, nous sommes soixante canonniers décidés à voler sur le champ au secours de nos frères, nous prions le corps municipal de faire assembler de suite la garde nationale et nous aimons à nous flatter que nos camarades d'armes et concitoyens se joindront à nous en grand nombre. »

Le conseil de la commune applaudit vivement au généreux dévouement de ces citoyens et les officiers municipaux requirent la garde nationale de s'assembler sur le champ et prièrent les administrateurs du directoire du district de se réunir à eux. Le même jour les corps administratifs et le conseil général de la commune se réunirent sur la place au milieu de la garde nationale et de suite 300 volontaires se présentèrent et s'étant équipés se mirent en route pour porter aide et secours à leurs frères de Lille.

Nous avons trouvé dans la *Gazette* du département du Nord, journal publié à Lille un peu après les événements que nous venons d'exposer : que 500 gardes nationaux de Saint-Omer instruits de la situation de la ville de Lille, pendant son bombardement, étaient accourus à leurs frais, au secours de leurs frères. Qu'arrivés au village de Lomme, ils avaient envoyé un exprès à la garde nationale pour l'informer de leur généreux dévouement. Qu'ils avaient été accueillis avec cette reconnaissance qui se sent, mais qui ne peut se décrire.

Le 5, les Autrichiens cessèrent le feu et le 7 ils levaient le siège.

Tout leur dictait ce sage parti : la supériorité de moins en moins douteuse de l'artillerie de la forteresse, les renforts que les assiégés ne cessaient de recevoir, la perte de 2000 hommes tant tués que blessés et surtout les nouvelles de la retraite des Prussiens et des rapides succès de Custine.

Malgré de sérieuses recherches, il n'a pas été possible de trouver des renseignements sur le rôle joué à Lille par nos braves pompiers et gardes nationaux.

Le registre des délibérations porte qu'à la date du 25 octobre a été annoncé le retour des gardes nationaux cantonnés à Cassel.

Tel est le récit succinct des faits qui rappellent à la fois la glorieuse défense des Lillois contre l'ennemi envahisseur, et le patriotisme des habitants de Saint-Omer volant au secours des assiégés.

La Société des Fêtes publiques a choisi cet épisode des grandes guerres d'il y a cent ans pour motif d'un cortège historique. Elle a bien fait. Il est bon, en effet, de dégager les nobles et généreux dévouements d'alors, des crimes et des abominations qui caractérisent cette sanglante époque.

SITD[...]

Saint-Omer, Imp. H. D'HOMONT.